AF589982

CONGRÈS DE LA PROPRIÉTÉ BATIE DE FRANCE

LYON 1894

SECTION I

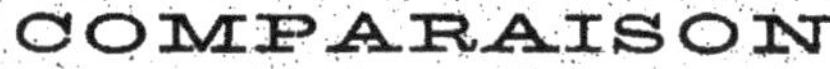

COMPARAISON

DE LA

PROPRIÉTÉ IMMOBILIÈRE

ET DE

LA PROPRIÉTÉ MOBILIÈRE

AU POINT DE VUE DES CHARGES FISCALES

RAPPORT

PAR

M. Louis CHARDINY

Docteur en Droit

Avocat à la Cour d'Appel de Lyon

Secrétaire-Archiviste de la Société d'Économie politique et sociale.

LYON

IMPRIMERIE DU SALUT PUBLIC

71, Rue Molière, 71

1894

COMPARAISON
DE LA
PROPRIÉTÉ IMMOBILIÈRE
ET DE
LA PROPRIÉTÉ MOBILIÈRE
AU POINT DE VUE DES CHARGES FISCALES

PRÉLIMINAIRES

I. — L'IMPÔT DOIT ÊTRE PROPORTIONNEL ET PRÉLEVÉ SUR LES REVENUS.

Il y a plus d'un siècle qu'Adam Smith a posé le grand principe de la *proportionnalité* de l'impôt sur le revenu, dans cette maxime restée célèbre :

« Les sujets d'un état doivent contribuer au soutien du gouverne-« ment, chacun le plus possible en proportion de ses facultés, c'est-« à-dire en proportion du revenu dont il jouit sous la protection de « l'État ».

Malgré les hautes autorités qui ont patronné l'impôt *progressif*, il semble aujourd'hui démontré que cet impôt, sauf de rares exceptions, est injuste, arbitraire, et en outre improductif, à raison du petit nombre des grandes fortunes ; c'est un impôt de sentiment et non de raison que Proudhon a très justement qualifié de « joujou fiscal ».

L'impôt doit donc être proportionnel.

L'impôt proportionnel *sur le capital* est également injuste, en ce sens qu'il ne frappe qu'une faible partie des citoyens ; il est difficile à asseoir ; il est enfin insuffisant comme production dans un pays chargé d'un aussi lourd budget que le nôtre. Il aboutit à une véritable confiscation.

L'impôt doit donc être perçu sur le revenu.

L'ensemble des revenus de notre pays est estimé à environ 25 milliards. Pour alimenter nos budgets généraux et locaux qui dépassent 4 milliards en chiffres ronds, il faudrait donc théoriquement prélever sur le revenu de chacun la sixième part, soit plus de 16 0/0.

Les *impôts indirects* (du moins ceux qui méritent véritablement ce nom), joints aux revenus des monopoles, fournissent environ la moitié de cette somme. — Mais les impôts *de consommation* qui en forment la plus notable partie, bien loin d'être proportionnels au revenu, pèsent plus lourdement sur les classes laborieuses. — Les nécessités budgétaires exigeant leur maintien total ou partiel malgré leur improportionnalité, l'on doit en équité, lorsqu'on cherche à établir l'impôt sur le ou sur les revenus, décharger les petits revenus au dessous d'un certain chiffre.

La *taxe sur les loyers* ou contribution mobilière, malgré ses précieuses qualités, frappe également davantage les gens peu fortunés. — C'est une considération dont il y a encore lieu de tenir compte dans l'établissement de l'impôt direct sur le ou sur les revenus.

Nous disons *le* ou *les* revenus ; car le caractère inquisitorial de l'impôt général sur *le* revenu a jusqu'ici décidé les législateurs français à chercher à frapper *directement, mais séparément, chaque espèce de revenu.*

De là les impôts divers sur *les* revenus.

Les revenus se divisent en deux catégories :

Les revenus immobiliers,

Et les revenus mobiliers.

II. — CAPITAUX ET REVENUS IMMOBILIERS.

Les revenus des immeubles se subdivisent en revenus de la propriété bâtie et revenus de la propriété non bâtie.

Les revenus nets de la propriété bâtie en France sont estimés à 2 milliards 100 millions, correspondant à un brut de 2 milliards 800 millions, et à un capital approximatif de 50 milliards.

Les revenus nets de la propriété non bâtie peuvent être estimés à 2 milliards 200 millions, correspondant à un capital d'environ 75 milliards (1).

Soit un total de 4 milliards 300 millions de revenu net, pour un capital de 125 milliards.

Tel est en chiffres ronds l'état actuel de la propriété immobilière.

Or, bâtie ou non bâtie, la propriété immobilière *tout entière* voit son revenu atteint par des *taxes directes sur le revenu.*

Il n'en est pas de même de la propriété mobilière.

---

(1) D'après les chiffres de l'enquête administrative de 1879, le capital de la propriété non bâtie s'élèverait à 91 milliards 1/2, et son revenu net à 2 milliards 645 millions. Mais, depuis 15 ans, la propriété rurale a baissé en moyenne de près de 20 0/0.

III. — CAPITAUX ET REVENUS MOBILIERS.

L'ensemble des capitaux et revenus mobiliers français est difficile à évaluer.

Le capital mobilier, si faible il y a cent ans, est arrivé, par une progression rapide, à égaler et même à dépasser le capital immobilier. — Depuis dix ans, le montant des successions mobilières est sensiblement égal au montant des successions immobilières (1).

D'autre part, les dissimulations des valeurs mobilières successorales sont faciles et fréquentes, alors que les dissimulations d'immeubles sont impossibles.

L'ensemble des capitaux mobiliers serait donc au minimum de 150 milliards.

Les revenus mobiliers peuvent se diviser en deux catégories bien distinctes :

D'une part, les revenus des capitaux mobiliers provenant de la *richesse acquise*, et ayant un caractère plus ou moins *perpétuel*.

D'autre part, les revenus *périssables* et ceux *provenant de l'activité personnelle*.

A. — *Les premiers comprennent :*

1° Les revenus des *valeurs* mobilières françaises et étrangères, représentées par des obligations, actions, parts d'intérêts ou titres de rentes, à l'exception des rentes françaises.

Environ 1,725 millions de revenu, pour 45 à 50 milliards de capital.

2° Les revenus des *rentes françaises* et effets publics de l'État français.

Plus d'un milliard de rentes, pour un capital supérieur à 30 milliards.

3° Les intérêts des *créances chirographaires ou hypothécaires*.

Les premiers sont difficilement évaluables.

Les seconds atteignent 5 ou 600 millions pour 12 milliards de capital.

De ces trois espèces de revenus provenant de la richesse acquise, les premiers seuls sont directement frappés par un impôt.

B. — *Les revenus périssables ou provenant de l'activité personnelle, qui constituent la deuxième catégorie, sont :*

1° Les *pensions, traitements, salaires*, publics ou privés.

---

(1) Dans le département du Rhône, en 1893, les meubles déclarés comme valeurs successorales dépassent même de plus de 30 0/0 les immeubles. Pour 121 millions de meubles, il n'y a que 76 millions d'immeubles.

2° Les bénéfices nets de la banque, du *commerce*, de l'industrie privée, le produit des *offices* ministériels, des *professions libérales*, etc.

Cette catégorie représente à elle seule plus de 16 milliards de revenus, étant donné que l'on est d'accord pour reconnaître que le revenu total des Français est d'environ 25 milliards (1).

Or, tous les revenus de cette catégorie ne sont pas plus que les rentes et les créances directement atteints par un impôt sur le revenu.

Il est vrai qu'en compensation, les commerçants et assimilés sont frappés par l'impôt des *patentes*, qui, procédant par présomptions plus ou moins fondées, prélève assez inégalement sur leurs bénéfices une somme annuelle de 180 millions. — On a reculé devant l'impôt vrai *sur le revenu des affaires* à raison de son caractère inquisitorial. — On a écarté pour le même motif l'impôt *sur le chiffre des affaires*, que l'Assemblée nationale fut sur le point d'établir en 1872.

Quoiqu'il en soit, on peut dire que cette dernière branche importante de revenu est indirectement taxée. Elle est sans doute moins lourdement frappée que les revenus de la richesse acquise. Mais c'est peut-être justice de ne pas trop charger les produits de l'activité personnelle.

Quant aux *traitements, pensions et salaires*, ils sont indemnes de toute taxe. — Si pour compenser le poids trop lourd des impôts indirects ou de la contribution mobilière (2), il paraît équitable de ne pas atteindre le revenu des *petits salariés*, on s'explique moins que les traitements importants et certaines pensions ne soient pas frappés. — L'impôt sur ce genre de revenu pourrait s'établir sans difficulté.

On peut en dire autant des *créances hypothécaires*, que l'Assemblée nationale avait voulu taxer d'un impôt sur le revenu, auquelle elle a renoncé sans motifs plausibles.

Même observation pour les *rentes françaises*.— Dans son Traité de la Science des finances, M. Leroy-Beaulieu établit qu'il y a dans leur immunité un privilège injustifié ; que, d'une part, cet impôt ne pourrait nuire sérieusement au crédit de l'Etat français ; et que, d'autre

(1) L'ensemble des revenus provenant de la richesse acquise est d'environ 8 milliards, dont

4.300	millions	pour les immeubles,
1.725	—	pour les valeurs,
1.000	—	pour les rentes françaises et assimilées,
500	—	pour les créances hypothécaires, et peut-être 500 pour les chirographaires,
ci. 500		
TOTAL.. 8.025		

(2) Voir ci-dessus, page 2.

part, la qualité de débiteur n'empêche pas l'Etat de soumettre ses créanciers à la loi générale, qui frappe les autres fractions de la richesse nationale (1).

On voit que, sur cinq espèces de revenus mobiliers, il n'y en a que deux qui soient taxées, il n'y en a qu'une qui soit atteinte d'un véritable impôt sur le revenu.

Dans la plupart des pays étrangers, les pensions, les traitements, les créances hypothécaires, les rentes mêmes sont soumises à l'impôt direct. En France, la majeure partie des revenus mobiliers lui échappe.

Si nous avons insisté sur ces considérations, c'est afin de bien établir qu'avant de demander l'augmentation de l'impôt sur certains revenus mobiliers ou immobiliers, l'on devrait commencer par taxer les revenus mobiliers qui sont indemnes.

A ceux notamment qui proposent l'accroissement de la taxe sur les propriétés bâties, nous répondrons qu'il serait auparavant souverainement équitable d'imposer au moins tous les revenus mobiliers qui peuvent l'être sans inquisition gênante.

L'extension, à de nouvelles catégories, des impôts sur *les* revenus permettrait, d'autre part, de répondre victorieusement aux partisans de l'impôt sur *le* revenu, que leur système n'a plus de raison d'être et manque désormais de base.

Ceci dit, comparons les charges fiscales actuellement existantes qui pèsent très lourdement sur l'ensemble de la propriété immobilière, avec celles plus légères qui atteignent une partie seulement de la propriété mobilière.

CHAPITRE I.

IMPÔT SUR LE REVENU DE LA PROPRIÉTÉ NON BATIE.

L'impôt foncier sur la propriété non bâtie est un impôt de répartition. Il est inscrit en principal au budget actuel pour la somme de 103 millions. C'est le chiffre auquel l'a réduit la loi du 8 août 1890. Il était antérieurement de 118 millions.

(1) L'exercice du droit de conversion peut être considéré comme un heureux substitut de la taxation directe des rentes. Il frappe même le rentier bien plus lourdement qu'un impôt direct. L'impôt sur la rente, qui est équitable, n'est souvent ni sage ni opportun.

Le législateur de 1890 a estimé que cette somme de 103 millions correspondait à une moyenne de 3,97 0/0, soit 4 0/0 du revenu net. Mais son appréciation était basée sur les évaluations administratives de l'enquête de 1879-81. Or, d'une part, cette enquête a été faite dans un esprit fiscal exagéré ; et, d'autre part, depuis quinze ans, le revenu des biens ruraux a singulièrement diminué. Le principal de l'impôt prélève aujourd'hui certainement plus de 4 1/2 0/0 du revenu net moyen.

Malgré les réductions successives dont a bénéficié depuis cent ans le principal de l'impôt foncier (1), il est encore aujourd'hui *très lourd* ; il est surtout *très inégal*.

Ce qui en augmente singulièrement le poids, ce sont les centimes additionnels généraux, départementaux ou communaux (2), qui l'élèvent de plus du double.

D'après les calculs de l'administration, la moyenne de l'impôt foncier (centimes additionnels compris) serait de 9,29 0/0.—Nous estimons qu'à l'heure actuelle, la diminution des revenus agricoles l'a portée à 10 3/4 0/0.

Mais ce n'est là qu'une *moyenne*.— La très *défectueuse répartition des contingents* entraine des inégalités qui, dans quelques départements, augmentent singulièrement cette moyenne.— Le travail administratif de 1879 a révélé que dans certains départements, comme la Vienne, le principal du foncier atteignait 7,71 0/0, alors que, dans d'autres comme la Corse ou la Seine, il ne s'élevait pas à plus de 0,94 0/0 ou de 1,96 0/0 — Si, dans ces départements surchargés, la répartition du contingent départemental ou communal était inégalement faite (3), certains propriétaires arrivaient à payer en principal 18 à 20 0/0, et avec les centimes additionnels 35 à 40 0/0. — Une répartition inégale des contingents dans les départements les moins imposés aboutissait aux résultats inverses. Tel propriétaire ne payait que 2 0/0, alors que son voisin d'un département limitrophe se voyait grevé de 35 à 40 0/0.

---

(1) En 1876, devant la Chambre des Députés, M. Léon Say a présenté un tableau, d'après lequel le rapport de l'impôt foncier, en principal, au revenu net des immeubles (bâtis ou non bâtis) aurait été en 1791 de 16,60 0/0, en 1821 de 9,79 0/0, en 1851 de 6,06 0/0, en 1862 de 2,15 0/0, en 1874 de 4,21 0/0 — Il ne faut pas oublier qu'il y a cinquante ans les centimes additionnels étaient minimes, et que leur importance toujours croissante est l'œuvre de ces dernières années.

(2) 4336 communes ont plus de cent centimes additionnels.

(3) Il est inutile d'insister sur la façon souvent très arbitraire dont la répartition communale est faite. En dehors des considérations politiques, il est beaucoup de terres dont le revenu a considérablement augmenté ou diminué depuis la confection du cadastre, sans qu'il soit tenu compte de cette variation.

Le dégrèvement de 15 millions voté en 1890 a à peine atténué ces inégalités. Si l'on a dégrevé les départements les plus chargés, on n'a pas relevé le contingent des plus favorisés. Dans la plupart, la péréquation n'a pas été faite entre les arrondissements et les communes. Aussi l'inégalité subsiste choquante et n'a été que faiblement diminuée.

On peut dire qu'aujourd'hui l'impôt foncier, qui prélève en moyenne 10 3/4 0/0 du revenu, varie encore, suivant les communes entre 2 et 25 0/0.

En outre de l'impôt foncier, la propriété rurale supporte de lourdes charges. — Les plus petits propriétaires ou locataires ruraux subissent la contribution mobilière, dont sont déchargés certains petits locataires des grandes villes. — Ils fournissent ou rachètent les prestations en nature (1). — Enfin leur capital est périodiquement atteint par les gros droits de succession ou de mutation dont il sera parlé plus loin. — Il est inutile, d'autre part, d'insister sur la médiocrité et le caractère éminemment aléatoire de leur revenu.

Aussi revenu et capital tendent-ils à diminuer sensiblement depuis quelques années (2).

On comprend dès lors, en dehors de tout intérêt politique ou social, ce qu'ont de sérieux certaines propositions en vue de la suppression ou au moins d'une importante réduction du principal de l'impôt foncier.

Sa transformation en impôt de quotité (3) et la réfection du cadastre paraissent au moins indiquées, à défaut de la diminution de ce principal.

Quand on compare la situation actuelle du petit propriétaire rural, et celle du petit rentier qui a placé son bien en rentes sur l'Etat ou en créances hypothécaires, il apparaît comme évident que l'inégale répartition de l'impôt, entre le premier et le second, est une véritable iniquité sociale (4).

---

(1) En 1877 les prestations sur les chemins vicinaux rapportaient aux communes 51 millions 1/2.

(2) Le prix moyen de l'hectare de terre, qui était de 1.850 francs en 1862, et de 2.000 en 1874, est tombé en 1883 à 1.830 fr. Il ne vaut pas aujourd'hui 1.500 fr.

(3) Le ministre des Finances vient d'ordonner une grande enquête statistique, d'où pourra sortir dans 2 ou 3 ans l'impôt de quotité. — A la différence de la statistique de 1887-89 concernant la propriété bâtie, cette statistique sera dressée contradictoirement.

(4) En Italie et en Autriche, la terre est plus chargée que dans notre pays. Au contraire en Angleterre, en Prusse, en Belgique et dans les Pays-Bas, la situation des propriétaires ruraux est plus favorable que la nôtre. — Si l'on tient compte des droits de mutation, nous sommes de beaucoup les plus imposés.

CHAPITRE II

IMPÔTS SUR LE REVENU DE LA PROPRIÉTÉ BATIE.

La propriété bâtie supporte deux impôts directs :

L'impôt foncier,

L'impôt des portes et fenêtres.

§ I. — IMPÔT FONCIER.

Jusqu'en 1890, l'impôt foncier sur le revenu de la propriété bâtie était une taxe de répartition.

Il était confondu dans le budget avec l'impôt sur la terre, sous le nom de contribution foncière, et comportait comme lui de choquantes inégalités.

D'autre part, l'administration estimait que, bien qu'il eût doublé depuis 1821 (1), la progression de son rendement n'était pas en relation avec l'accroissement de la propriété bâtie et de son revenu.

Sa transformation en impôt de quotité, plus facile à opérer que pour la propriété non bâtie, paraissait donc s'imposer, et dans l'intérêt du Trésor, et dans l'intérêt d'une plus équitable répartition des charges.

La loi du 8 août 1885, en prescrivant la statistique de la propriété bâtie, a préparé cette transformation.

Il est résulté de l'enquête (qui eut le grave défaut de n'être pas contradictoire et d'être opérée dans un but trop évident de fiscalité), qu'il existait en France 8.914.000 maisons (2), ayant une valeur locative de 2.597 millions, et 137.000 usines d'une valeur locative de 212 millions. En déduisant pour dépérissement, frais d'entretien ou de réparation, le quart de la valeur locative des maisons, et le tiers de celle des usines, on obtint ainsi un revenu net imposable de 2 milliards 90 millions : ce qui, pour 63 millions 1/2 que produisait l'impôt en 1890, représentait une taxation de 3,05 0/0 environ, en principal (3).

Cette évaluation des revenus était évidemment exagérée. S'il est facile, à l'aide des baux, d'établir le revenu brut des immeubles loués, il en est autrement pour les maisons occupées en totalité ou en partie par leur propriétaire. Or les maisons occupées par le propriétaire seul repré-

---

(1) En 1821 la partie de l'impôt foncier à la charge de la propriété bâtie était de 32 millions. En 1890 elle était de 63 millions 1/2.

(2) Sur lesquelles 63.000 maisons auraient une valeur locative supérieure à 5.000 francs.

(3) L'impôt était si inégal qu'il variait, suivant les arrondissements, de 0,78 0/0 à 5,87 0/0 en principal.

sentent, pour l'ensemble de la France, près de 56 0/0 du nombre total des immeubles bâtis (1). — C'est surtout en ce qui les concerne que se fit jour l'esprit de fiscalité de l'enquête statistique (2).

Quoi qu'il en soit, cette enquête minutieuse eut cet excellent résultat de servir de point de départ à la réforme de l'impôt.

Le projet du Gouvernement pour le budget de 1890 comportait l'établissement d'un impôt de quotité à raison de 4 0/0 du revenu net. — Ce taux de 4 0/0, qui paraissait en harmonie avec le principal de l'impôt sur la terre, aurait considérablement augmenté les charges antérieures de la propriété bâtie. Aussi le Parlement crut-il avec raison devoir le réduire à 3,20 0/0, en donnant d'autre part aux contribuables certaines facilités pour contredire les évaluations antérieurement faites par l'administration.

D'après la loi nouvelle, les estimations ayant servi de base à l'impôt seront fixes pour une durée de 10 ans, et seront révisées à l'expiration de chaque période décennale. Le propriétaire peut réclamer dans les 2 ans qui suivent chaque évaluation décennale. Il ne le peut ensuite que lorsque son immeuble a subi une diminution de revenu par suite de circonstances exceptionnelles, ayant produit une dépréciation générale des propriétés bâties d'une fraction notable d'une commune.

Les constructions nouvelles sont exemptées pendant deux années, mais à la condition d'une déclaration faite à la mairie. Elles sont ensuite imposées par comparaison avec les constructions voisines.

Le revenu net sur lequel est perçu l'impôt se calcule d'après le revenu brut, déduction faite de 1/4 pour les maisons, et de 1/3 pour les usines (3).

Telle est, en résumé, l'économie de la loi du 8 août 1890.

L'impôt de 3,20 °/₀ sur le revenu net rapporte aujourd'hui au Trésor 67 millions 800,000 fr., soit 4 millions de plus qu'en 1890 (4).

Mais cette somme de 67 millions 800,000 fr. ne représente que le principal de l'impôt.

---

(1) Il y avait, en 1889, 1.969.000 maisons occupées par le propriétaire seul, et 405.000 occupées à la fois par le propriétaire et par un ou plusieurs locataires.

(2) Les maisons dites exceptionnelles dans les campagnes furent surtout l'objet d'une évaluation excessive.

(3) Le plus souvent, la différence du brut au net est de plus de 25 0/0. L'impôt est donc en fait supérieur à 3,20 0/0 du revenu net.

(4) Le projet de budget de 1891 l'avait évalué à 71 millions 250,000 fr. Mais les remaniements admis par le conseil d'Etat, sur la réclamation des contribuables, ont réduit de plus de 3 millions les évaluations de l'administration.

Ce principal est plus que doublé par les centimes additionnels généraux, départementaux ou communaux.

C'est donc près de 7 °/₀ du revenu net que paie actuellement la propriété bâtie à titre d'impôt foncier. — A Lyon, ce taux est même dépassé : il atteint 7,13 °/₀.

§ 2. — Impôt des portes et fenêtres.

En outre de l'impôt foncier, la propriété bâtie supporte la taxe des portes et fenêtres.

Bien que le dessein du législateur de l'an vii, qui a créé cette taxe, ait été d'en faire définitivement supporter le poids au locataire, en fait le propriétaire, qui est tenu d'en faire l'avance, ne peut user que très rarement de son droit strict de se le faire rembourser. C'est donc une charge de la propriété (1).

Tout a été dit sur l'absurdité et l'iniquité de la contribution des portes et fenêtres. — Sa suppression s'impose à bref délai.

Elle a un caractère hybride qui la rattache et au système de la quotité et au système de la répartition (2).

Quoiqu'en principe impôt de répartition, elle est perçue d'après un tarif. Ce tarif varie avec le nombre des ouvertures et la population de la commune. — Certaines exceptions sont admises en faveur de l'agriculture et de l'industrie.

Telle qu'elle est, elle rapporte 44 millions en principal. — Elle en rapportait 12 en 1830, 22 en 1833 et 40 en 1875. Elle a donc plus que doublé depuis 50 ans, bien que le nombre des maisons n'ait augmenté que d'un quart à peine. C'est la conséquence de l'accroissement du bien-être général et de l'amélioration de l'habitation humaine. Les maisons à plus de cinq ouvertures, qui sont plus fortement taxées, ont en effet augmenté de 60 °/₀. — On peut remarquer néanmoins que cette progression de l'impôt tend à s'atténuer. Dans ces dernières 20 années, il ne s'est accru que de 10 °/₀.

La loi du 18 juillet 1892 avait disposé, dans son article 1er, qu'à partir du 1er janvier 1894, cet impôt serait remplacé par une taxe représenta-

(1) C'est seulement pour les locations importantes que la répétition de l'impôt peut avoir lieu. Or leur proportion est à peine de 2/100 par rapport à l'ensemble des locations. — La répartition de l'impôt entre plusieurs locataires est au surplus souvent fort délicate et donne lieu à de fréquentes contestations.

(2) Elle a été impôt de quotité pure de l'an vii à l'an x, et de 1831 à 1832. Sa transformation d'impôt de répartition en impôt de quotité, en 1831, l'avait doublée en la portant de 12 millions 800 à 25 millions 600,000 fr., bien que les tarifs fussent restés les mêmes. — La loi du 21 avril 1832 rétablit le contingent annuel en le fixant à 22 millions.

tive, calculée à raison de 2,40 °/₀ du revenu net servant de base à la contribution foncière.

Cette suppression de l'impôt sur le jour et la lumière, et son remplacement par une augmentation de l'impôt foncier, était une mesure sage (1), mais à condition qu'elle n'impliquât pas une aggravation de charges de la propriété bâtie. — Or, pour obtenir la somme de 44 millions que produit l'impôt actuel, il suffisait de prélever 2,08 °/₀ du revenu net des immeubles bâtis. La loi du 18 juillet 1892 comportait donc une augmentation notable.

C'est ce que fit remarquer le gouvernement lui-même lors de la discussion du budget de 1894. Il proposa donc une modification à la loi de 1892, mais en donnant à la taxe nouvelle un certain caractère progressif, afin de décharger partiellement les petites constructions dans les petites localités, qui jouissent actuellement d'un tarif très réduit.

La commission du budget proposa, de son côté, un système ingénieux, destiné également à maintenir la répartition actuelle de l'impôt, qui varie suivant les maisons et les localités : une taxe progressive devait être établie, en relation avec les valeurs locatives moyennes de l'habitation d'un ménage dans les diverses communes.

Entre ces deux systèmes, le Parlement ne sut pas choisir et se contenta de rejeter, en 1894, la transformation votée en principe en 1892. Lors de la discussion du budget de 1895, le projet de transformation a encore été écarté par la Chambre des députés (2).

La contribution des portes et fenêtres, dont le principal représente en moyenne 2,08 °/₀ du revenu net, est grossie par des centimes additionnels qui l'élèvent à 3,82 °/₀. — Dans beaucoup de localités elle dépasse 4 °/₀. — A Lyon, elle est un peu inférieure à la moyenne (elle est de 3,05 °/₀).

Ainsi, le revenu net de la propriété bâtie est frappé directement d'une double taxe qui lui enlève d'une part 7 °/₀,
et d'autre part 4 °/₀,
soit une charge de 11 °/₀ (3), sans compter les taxes locales de voirie ou autres, et les charges du capital dont il sera plus loin question.

(1) Au lieu de joindre l'impôt des portes et fenêtres à l'impôt foncier, il eût été plus juste de l'ajouter à l'impôt mobilier, puisque l'intention du législateur de l'an VII était d'en faire supporter la charge aux locataires.

(2) L'impôt des portes et fenêtres n'existe plus en Angleterre depuis 1851.

(3) En Italie, l'impôt sur les bâtiments est inscrit au budget pour 68 millions 1/2; en Autriche, pour 86 millions. Mais la valeur locative des bâtiments y étant moindre, la charge du revenu est à peu près la même qu'en France. — En Amérique et en Angleterre, l'impôt est plus lourd qu'en France ; mais en revanche les droits de succession et de mutation sont beaucoup moindres.

§ 3.— OBSERVATIONS DIVERSES.

On a souvent fait observer que les propriétaires d'immeubles avaient tort de se plaindre, qu'en effet les taxes retombaient sur les locataires qui, par l'augmentation de leurs loyers, en supportaient définitivement le poids; qu'en réalité le propriétaire n'était qu'un *collecteur d'impôt*, payant d'une main pour se faire rembourser de l'autre.

Les lois de l'incidence des impôts sont en général très délicates à observer. Celles de l'incidence des impôts sur les maisons le sont particulièrement. Il faut tenir compte de la richesse générale, de la progression ou de la décroissance de la population, de l'industrie, de la fortune, dans telle ou telle ville, ou même dans tel ou tel quartier. — Il n'y a qu'un principe certain en la matière, il n'y a qu'une loi, la grande loi de l'offre et de la demande, contre laquelle toutes les théories et tous les raisonnements des adversaires de la propriété bâtie ne peuvent prévaloir.

Le propriétaire comme tout autre subit cette loi. — Si, par suite de l'augmentation de l'impôt, il cherche à augmenter le loyer, le locataire qui ne veut pas payer au-dessus d'un certain prix ira ailleurs. — Il ne faut pas oublier que la proportion des petits loyers est considérable par rapport aux loyers moyens ou aux gros loyers.— A Lyon même les 8/11 des baux sont inférieurs à 300 fr. par an (1). — Or, le petit locataire, qui ne dispose dans son budget que de 300 fr. pour son loyer, entend par loyer non seulement le principal, mais les accessoires. Son loyer, c'est ce qu'il paie pour son logement (2). Si, sous forme d'impôt des portes et fenêtres ou autre, on lui demande plus de 300 fr., il cherchera ailleurs un local moins confortable mais moins cher, et, dans une grande ville où les locaux vacants sont nombreux, il trouvera toujours ce local. — Pour éviter la vacance, le propriétaire maintiendra son prix primitif et supportera l'impôt, ou bien, (ce qui revient au même), se fera rembourser l'impôt, mais en diminuant son prix.

Les conditions du marché des locaux variant à l'infini et dépendant d'une foule de circonstances extrinsèques, on ne peut pas, nous le répétons, poser de règle à cet égard.

Si c'est à tort que le propriétaire a été qualifié de «collecteur d'impôt», on a eu au contraire raison de reprocher au législateur d'en avoir fait le «*Gendarme du Gouvernement*».

Trop souvent, en effet, la loi le rend responsable non seulement des

---

(1) Sur 8,900,000 maisons en France, il y en a 7,300,000 dont la valeur locative est inférieure à 200 fr.

(2) Une interprétation récente de l'administration fait porter la contribution mobilière non seulement sur le prix du bail, mais sur les accessoires qu'elle fait rentrer dans le loyer.

impôts et amendes qui lui incombent personnellement, mais encore des impôts et amendes qui concernent ses locataires.

C'est ainsi qu'il est responsable vis à vis du fisc du paiement de la contribution personnelle et mobilière, et de la patente de ses locataires, s'il n'a pas donné avis de leur déménagement au percepteur, un mois à l'avance, (lois des 21 avril 1832 et 15 juillet 1889). — Si le déménagement est furtif et s'il n'a pas donné avis dans les trois jours du déménagement, il est responsable des termes échus.

C'est ainsi encore qu'il est solidairement responsable avec le locataire de l'enregistrement des baux dans les trois mois de l'acte ou de l'entrée en jouissance, ainsi que des amendes en cas de contravention.

Une foule de règlements administratifs et d'arrêtés municipaux, dont il serait impossible de donner la complète énumération, imposent au propriétaire une série de charges qu'il est difficile de calculer en argent, mais qui rendent la gestion des immeubles compliquée et onéreuse : contribution aux frais d'établissement et d'entretien du pavage et des trottoirs, nettoyage, balayage et arrosage de la voie publique, éclairage et fermeture des immeubles ou des passages privés, emploi de tel ou tel mode pour les vidanges, prescriptions de voirie ou de la commission d'hygiène, etc., etc...

Que le propriétaire qui oublie un de ces nombreux arrêtés soit condamné à l'amende, rien de plus légitime. — Mais, que l'autorité administrative et municipale puisse le rendre responsable de l'inobservation des prescriptions visant spécialement les locataires, il y a là un abus intolérable que pourtant la jurisprudence a consacré. C'est ainsi qu'il est poursuivi et condamné pour les contraventions commises à son insu et en son absence par ses locataires, en matière de voirie, en matière de balayage de la devanture des locaux, d'étalage, d'enseignes, etc...

Cette multitude de taxes, de prescriptions et de charges de toute nature tendent à faire déserter la propriété immobilière, et en rendent en tout cas la gestion coûteuse et compliquée; elles obligent beaucoup de propriétaires à confier l'administration de leurs immeubles à des régisseurs, ce qui augmente encore de 2 à 5 0/0 les charges qui pèsent sur leur revenu.

Le porteur de valeurs mobilières, qui n'a qu'à encaisser ses coupons, est singulièrement plus favorisé.

Voyons si, au moins, au point de vue de l'impôt direct sur le revenu, les charges sont égales.

CHAPITRE III

IMPÔT SUR LE REVENU DES VALEURS MOBILIÈRES

Jusqu'en 1872, le revenu des valeurs mobilières n'était pas directement taxé.

De tous les projets d'impôts que la Grande Commission de 1871, présidée par M. Casimir-Périer, avait successivement examinés afin d'arriver à taxer les divers revenus mobiliers, l'impôt sur le revenu des valeurs mobilières, (c'est-à-dire des titres d'actions, obligations, parts, etc.), est le seul que le gouvernement et l'Assemblée nationale aient définitivement adopté. — Il fut fixé à 3 0/0 (loi du 29 juin 1872) (1).

Encore fut-il très discuté. — Cette discussion s'est renouvelée très vive en 1882 à la Chambre des députés, lors de l'examen de la proposition d'augmentation dudit impôt déposée par MM. Marion et de Roys, — et enfin en 1890, au Sénat, lorsque fut votée la loi du 24 décembre 1890, qui l'a porté de 3 à 4 0/0.

Le rapport de M. Deseilligny en 1872, les discours de MM. Rouvier, Ribot et Allain Targé, en 1882; le rapport de M. Boulanger en 1890, les discours de MM. de Sal, Lacombe, Léon Renault et Rouvier, au Sénat, sont à cet égard très intéressants à consulter.

Si l'impôt a été définitivement voté, puis augmenté, ce n'est pas pour satisfaire au principe de l'égalité des charges; c'est surtout dans un intérêt budgétaire. — C'est un intérêt budgétaire qui l'a fait porter de 2 0/0, chiffre primitif de la Commission de 1871, au taux de 3 0/0, voté le 29 juin 1872, et enfin au taux de 4 0/0 établi depuis 1891.

De toutes les objections qui lui ont été faites, une seule nous parait sérieuse.

Cet impôt, dit-on est un *impôt de superposition.*

Les valeurs mobilières ne constituent pas une richesse réelle. Ce ne sont que des chiffons de papier, représentant une richesse qui existe sous une autre forme, et qui sous cette forme a déjà payé une foule d'impôts: l'impôt foncier, s'il s'agit de parts dans une société d'immeubles; l'impôt des patentes, si la société exerce un commerce ou une industrie; enfin les droits d'enregistrement et de timbre sous les formes les plus variées. — La taxe sur le revenu des actions ou obligations est donc une taxe supplémentaire, une taxe de superposition, qui s'ajoute à tous les impôts qu'une société a déjà payés dans la même mesure que les autres contribuables.

---

(1) Cette loi a été expliquée et étendue par les lois des 23 juin 1875, 10 décembre 1875, 28 décembre 1880 (art. 3) et 29 décembre 1884 (art. 9).

Considérez, dit-on, une maison de banque constituée par actions : le Crédit Lyonnais, par exemple.

Le Crédit Lyonnais fait les mêmes affaires et paie les mêmes impôts qu'une grande banque individuelle. Pourquoi frapper les bénéfices nets de ses actionnaires d'une taxe dont ses concurrents sont exempts ? C'est peser sur les capitalistes associés, c'est-à-dire sur les petits et les moyens. C'est donner une supériorité aux très gros capitalistes (1). Cette taxe constitue donc non seulement un impôt de superposition, mais un impôt sur l'association, un impôt sur et contre les petits.

L'objection est certainement sérieuse. Elle n'est pas décisive.

D'abord, en ce qui concerne les *obligations*, elle ne porte pas. — Ce sont les actionnaires des sociétés industrielles ou commerciales de toute nature, ce sont les sociétés qui paient seules l'impôt foncier ou l'impôt des patentes, correspondant même à la part de propriété ou à la part d'industrie que l'argent des obligataires a permis d'acquérir ou de fonder. — Les obligataires ne paient aucun impôt ni directement, ni indirectement. Ils sont créanciers d'un débiteur, la société, qui paie, et pour elle et pour eux, l'ensemble des charges grevant son industrie et son commerce. — La taxe de 4 0/0 n'est donc pas pour eux une taxe de superposition. — Cette observation est importante, puisque les obligations, et notamment les obligations de chemins de fer et du Crédit Foncier, représentent un capital et un revenu considérables répartis dans les plus modestes portefeuilles.

L'objection ne porte pas davantage, en ce qui concerne les titres des emprunts départementaux ou communaux, ainsi que les valeurs étrangères circulant en France. Ni les départements, ni les villes, ni les sociétés étrangères ne supportent les impôts qui frappent le commerce ou l'industrie française.

Quant aux sociétés de chemins de fer français, qui vivent sous le régime de la concession, on a fait, avec une certaine raison, remarquer en 1872 à l'Assemblée nationale que, si elles paient déjà comme telles de très gros impôts, ces impôts ont été pour ainsi dire consentis et acceptés par elles, puisqu'ils existaient pour la plupart lors de leur fondation ; ils forment en quelque sorte un des éléments du contrat de concession. — La taxe sur le revenu ne serait donc pas pour leurs actionnaires un véritable impôt de superposition.

Enfin, en ce qui concerne les sociétés par actions, leur taxation, supérieure à celle des commerçants isolés, peut se justifier par une double considération.

D'une part, les porteurs d'actions industrielles ou commerciales sont

(1) Leroy-Beaulieu, *Traité de la Science des Finances*, tome I, p. 417.

des capitalistes oisifs (1), au moins en ce sens qu'ils ne prennent pas part à l'administration de la société et se contentent de toucher des dividendes. Leur chance de perte est limitée. Si la société fait faillite, ils ne perdent que les capitaux qu'ils y ont engagés, et ne sont pas, comme les associés en nom collectif ou les commerçants isolés, tenus indéfiniment sur le surplus de leurs biens. Leur honneur n'est pas non plus engagé. — Il est juste qu'ils paient davantage.

D'autre part, il faut tenir compte de ce fait que les commerçants isolés acquittent l'impôt des patentes, non seulement sur leurs locaux industriels, mais encore sur leur appartement personnel; les sociétés par actions, au contraire, ne paient que la patente correspondant aux locaux où s'exerce leur commerce ou leur industrie (2).

Pour ce double motif, il semble naturel que les bénéfices des sociétés par actions subissent un impôt plus fort que les bénéfices des particuliers exerçant des professions similaires.

Tout ce que la justice commande, c'est que l'impôt sur le revenu des actions, joint aux autres impôts que paie une société mobilière, ne dépasse pas la moyenne d'impôts supportés par la propriété immobilière.

Or, nous avons vu que les patentes qui grèvent les commerçants et assimilés frappent très certainement leurs bénéfices nets d'une façon beaucoup moins lourde que les impôts grevant le revenu des propriétaires immobiliers.

Nous avons approuvé cette différence, au moins en principe, à raison de cette considération qu'il ne faut pas trop charger les produits de l'activité personnelle.

Or, précisément, les actionnaires sont des oisifs, en tant au moins qu'actionnaires.

L'impôt sur les valeurs mobilières est donc justifié.

On avait prétendu que cet impôt écarterait les capitaux de l'industrie. — L'expérience a prouvé le contraire. — Depuis vingt années un grand nombre d'entreprises *anciennes* considérables ont quitté la forme individuelle ou en nom collectif, pour se transformer en sociétés anonymes, sans se préoccuper de l'impôt nouveau qui devait frapper leurs bénéfices, et ont appelé à elles de nombreux capitaux. — D'autre part, la plupart des entreprises *nouvelles* se sont constituées sous la forme anonyme. L'impôt n'a donc pas nui sérieusement au développement de la fortune mobilière.

---

(1) Même observation pour les commanditaires que la loi assimile aux porteurs de valeurs mobilières (loi du 10 décembre 1875).

(2) Il est vrai qu'en revanche les sociétés paient l'impôt du timbre des actions.

La progression même de son rendement en est la meilleure preuve.

En 1873, il rapportait 31 millions 700,000 francs, correspondant, au taux de 3 0/0, à un revenu de 1 milliard 56 millions.

En 1890, il a rapporté 50 millions 800,000 francs, correspondant, à 3 0/0, à un revenu de 1 milliard 693 millions.

C'est donc en 17 ans une augmentation de plus de 60 0/0. Pendant cette période, le revenu des valeurs mobilières a augmenté de 637 millions ; ce qui représente, au taux moyen de capitalisation de 4 0/0, un accroissement en capital de près de 16 milliards ; soit environ 1 milliard par an.

Pour être absolument exact, il faudrait défalquer de ces calculs les chiffres correspondant aux entreprises individuelles transformées en sociétés anonymes, qui ne constituent pas un accroissement de la fortune mobilière. Il faudrait tenir compte aussi de ce fait que dans le produit annuel de l'impôt se trouvent comprises la taxe sur les lots et primes de remboursement qui ne sont pas un revenu (1), et la taxe sur les congrégations (2).

L'impôt actuel de 4 0/0, perçu sur 1725 millions de revenus, rend au Trésor 69 millions. — On peut estimer le capital actuel des valeurs mobilières à 45 ou 50 milliards.

Il a presque doublé depuis vingt ans (3).

Lors de l'augmentation de la taxe en 1890, il fut objecté que cette aggravation était contraire au principe de la péréquation des charges ; que si l'on voulait demander davantage à la propriété mobilière, il ne fallait pas frapper ceux qui étaient déjà taxés, mais bien atteindre cette portion considérable de la fortune mobilière qui était et qui est encore affranchie de toute taxe sur le revenu.

Sous les réserves faites plus haut (4), nous sommes absolument de cet avis.

Un dernier reproche a été fait à la loi du 23 décembre 1890. Elle devait provoquer ou accentuer l'émigration des capitaux à l'étranger ou dans les entreprises aléatoires (5). — Ce reproche avait quelque chose de fondé.

---

(1) Loi du 23 juin 1875.

(2) Lois du 28 décembre 1880 et du 29 décembre 1884.

(3) Il faut tenir compte dans le calcul de la diminution du taux de capitalisation des valeurs.

(4) p. 4 et 5.

(5) Une brochure de MM. Siegfried et Raphaël Lévy, parue en 1890, comparant les taxes payées par les valeurs en France et à l'Étranger, constate la surcharge du marché français ; d'après eux, ce serait une des causes de la pénurie d'affaires nouvelles. — En Angleterre, l'impôt a varié depuis vingt ans entre 3,25 et 1 0/0. Il est d'ailleurs perçu différemment. En Autriche, il est de 5 0/0. En Italie, de 20 0/0.

En présence des nécessités budgétaires, il n'a pu prévaloir. Mais il y a là un danger dont le législateur fera bien de tenir compte à l'avenir.

La comparaison entre la propriété immobilière et la propriété mobilière, au point de vue de l'impôt sur le revenu, donne donc les résultats suivants :

D'une part, 10 3/4 et 11 0/0 en moyenne, pour un revenu souvent difficile à percevoir ;

D'autre part, 4 0/0 pour un revenu facilement encaissable, 4 0/0 ne frappant qu'une fraction des revenus mobiliers.

CHAPITRE IV.

IMPÔTS DITS INDIRECTS FRAPPANT LE CAPITAL.

A côté des impôts frappant directement le *revenu* des contribuables, il faut mentionner les taxes variées, dites indirectes, qui, sous le nom de droits de timbre et d'enregistrement, sont perçues sur le *capital*, à l'occasion de certaines mutations ou contrats.

La comparaison est encore tout à l'avantage de la fortune mobilière.

Les valeurs dites mobilières supportent en premier lieu sur leur capital un triple impôt :

1° Le droit du timbre des titres,

2° Le droit de transmission,

3° Le droit de timbre des bordereaux des opérations de bourse.

1° Le *droit de timbre des titres* a été réglé par les lois du 5 juin 1850 et du 23 août 1871.

Il se perçoit soit *au comptant*, soit *par abonnement*.

Le droit au comptant est pour les actions, libérées ou non, de 0,50 0/0 du capital, quand la durée de l'entreprise est de moins de dix ans, et de 1 0/0 du capital, si elle dépasse dix années. Il se calcule sur le capital nominal. — Pour les obligations, il est de 1 0/0 du montant des titres.

Le droit de timbre par abonnement, destiné à tenir lieu du droit au comptant, consiste en une taxe annuelle de 0 fr. 05 0/0, liquidée sur le capital nominal ou sur le montant du titre.

Quel que soit le mode de paiement, au comptant ou par abonnement, ce droit est assujetti au double décime.

Une loi de 1863 a, par assimilation, assujetti les titres de rente et les effets publics des gouvernements étrangers à un impôt de 0,50 cent.

par 100 fr. du montant de la valeur nominale ; une loi de 1864 l'a porté ensuite à 1 franc. C'est un véritable droit protecteur pour les fonds publics français qui sont exemptés du timbre.

2° Le *droit de transmission* a été établi par les lois des 23 juin 1857, 16 septembre 1871 et 29 juin 1872.

Il est de 0,50 0/0 pour les titres nominatifs dont la transmission s'opère par transfert sur un registre. Il est perçu lors de chaque mutation.

Pour les titres au porteur ou pour ceux transférés sans registre, l'impôt est converti en une taxe annuelle de 0,20 0/0.

Ces droits qui ne sont pas soumis aux décimes (1) sont perçus : le 1er (0,50 0/0), sur la valeur négociée au prix du jour ; le 2e (0,20 0/0), sur le capital des actions ou obligations évalué d'après le cours moyen de l'année précédente. La rente et les fonds publics français en sont exempts.

3° Enfin la loi de finances du 28 avril 1893 a créé un droit de *timbre sur les bordereaux des opérations de bourse.* Ce droit est de 0,05 0/00 du montant de l'opération.

Le droit de timbre des titres est en général acquitté au comptant par les Sociétés au moment de leur constitution ou de l'émission de leurs emprunts. C'est une assez lourde charge pour les sociétés ; mais le capitaliste qui achète un titre en bourse au cours du jour n'a pas à s'en préoccuper directement.

Si c'est un capitaliste qui désire faire un placement durable, il convertira au nominatif les titres qu'il achète (2). Que paiera-t-il pour frais de son placement ?

Supposons un placement de 100.000 francs.

L'acheteur devra payer :

1°	0,50 0/0 du capital pour frais de transfert. . . ci.	500 francs.
2°	0,05 0/00 du capital, pour droit de timbre du bordereau de l'opération . . . . ci.	5 —
3°	0,125 0/0 du capital (ou 1/8), pour courtage de l'agent de change. . . . . ci.	125 —
0,630	TOTAL	630 francs.

630 francs pour 100.000 francs, soit 0,63 0/0.

(1) D'après la loi du 30 mars 1872, ces droits étaient de 0,50 0/0, plus les décimes, et de 0,25 c., plus les décimes.— La loi du 29 juin 1872, qui a établi l'impôt de 3 0/0 sur le revenu des valeurs mobilières, a réduit aux taux actuels les droits antérieurs de transmission, afin de faciliter la circulation des titres (Voir le rapport de M. Deseilligny).

(2) Les droits de transfert étant de 0,50 0/0 lors de l'achat, et de 0,50 0/0

Comparons à cet égard la situation de celui qui achète un immeuble de 100.000 francs.

Il paie d'abord, comme droit de mutation, 5,50 0/0 en principal, plus 2 décimes et demi, soit en tout 6,875 0/0.

Il faut y ajouter les droits de timbre, variables suivant l'importance de l'acte, et enfin le montant des honoraires du notaire.

Le total dépasse 8 0/0 : *8.000 francs pour 100.000 francs;* 8.000 fr. au lieu de 630 fr. ; 8 0/0 au lieu de 0,63 0/0, c'est-à-dire plus de 12 fois plus cher. Et encore nous n'avons pas compris les frais éventuels de purge ou de quittance !

Si, au lieu d'un achat de 100.000 fr., il s'agit de l'achat d'un immeuble de quelques milliers de francs, les frais atteignent et dépassent 10 ou 12 0/0. — Ils sont de 18 à 20 fois supérieurs aux frais d'achat de valeurs mobilières pour un même capital.

Si le revenu de l'immeuble est de 4 0/0, ce revenu sera absorbé pendant 2 ou 3 années. — L'acheteur de valeurs mobilières paie les frais de son acquisition, avec la 5e ou la 6e partie du revenu de la première année.

Supposons un évènement qui oblige l'acheteur d'immeuble à le revendre dans un délai rapproché. Il n'en trouvera qu'un prix diminué du montant des droits à la charge du nouvel acquéreur. Son capital sera réduit de 10 0/0.

Le capitaliste, qui entrevoit que son placement en valeurs mobilières doit être à courte échéance, se contente d'acheter des titres au porteur et ne paie que 0,13 0/0. — Sauf circonstances exceptionnelles, un placement en immeubles à courte échéance est impossible à raison des frais.

L'acheteur de valeurs mobilières peut même se dispenser de l'intermédiaire de l'agent de change, s'il trouve directement un vendeur. — L'acheteur d'immeubles est obligé d'acheter par acte notarié et de faire transcrire son titre, pour que la propriété passe sur sa tête vis-à-vis des tiers.

Les droits de mutation à titre onéreux sur les immeubles sont donc exorbitants, surtout quand on les compare aux droits sur les valeurs mobilières. — Ils constituent de la part de l'Etat une véritable confiscation d'une partie du capital. Ils restreignent le marché des terres et des maisons, et aboutissent à une sorte d'immobilisation des biens dans les mêmes mains, qui ne peut que nuire à leur culture et à leur bonne gestion.

---

lors de la revente, soit au total 1 0/0, si le placement doit durer plus de 5 ans, il y a intérêt à mettre au nominatif les titres qui, au porteur, paient 0,20 0/0 par an.

On parle souvent de mobiliser la propriété immobilière par l'application en France de divers systèmes expérimentés à l'étranger, surtout dans les pays neufs (1). — Le meilleur moyen de mobiliser la terre et de la faire passer entre les mains les plus capables serait de diminuer considérablement les droits de mutation à titre onéreux, qui prélèvent annuellement plus de 150 millions sur le capital immobilier (2).

Une diminution importante des droits entrainerait la multiplication des transactions, la suppression des ventes occultes et des dissimulations de prix, et permettrait au Trésor, au bout de quelques années, de rentrer dans la majeure partie des sommes qu'il sacrifierait momentanément (3).

On devrait, d'autre part, accorder certains délais pour le paiement, afin que l'impôt puisse, autant que possible, être pris sur le revenu, et qu'il ne constitue pas la suppression d'une partie de la richesse nationale.

Les partisans de la propriété mobilière opposent toujours, dans leurs calculs, à l'immeuble qui paie 11 0/0 de son revenu à titre d'impôt direct, le titre *au porteur* qui paie annuellement à peu près la même somme, à raison de la taxe de transmission.

Une obligation de chemin de fer au porteur, par exemple, remboursable à 500 fr., rapportant 15 fr. par an, et valant environ 450 fr., paie en effet annuellement :

1° L'impôt de 4 0/0, soit 0,60 centimes ;

2° Le droit de 0,20 % sur 450 fr., soit 0,90 centimes (ou 6 0/0).

Total 1 fr. 50, ou 10 0/0.

Et l'on répète à satiété : La propriété mobilière, par suite de la taxe de 0,20 0/0, supporte annuellement un impôt sensiblement égal à celui qui frappe la propriété immobilière.

La comparaison n'est pas possible sérieusement : Il faudrait ajouter aux 11 0/0, que l'immeuble paie directement sur son revenu, une somme correspondant à l'amortissement des droits de mutation qu'il a payés lors de son achat. — Cette somme varie suivant le temps que l'immeuble reste dans les mêmes mains. — Le simple intérêt du droit déboursé représente plus de 25 0/0 du revenu annuel, si l'immeuble est conservé 10 ans. Il est encore de plus de 10 0/0 du revenu si l'immeuble n'est revendu qu'après 25 ans.

Il ne faut donc jamais oublier que dans les 10 0/0 de son revenu, que paie annuellement le possesseur de titres au porteur, il y a 6 0/0

(1) Système de l'Act Torrens ; système des livres fonciers allemands.

(2) Les droits de transmission des titres de société rapportent à l'État une quarantaine de millions, y compris les mutations à titre gratuit.

(3) Le droit de transmission d'immeubles à titre onéreux est seulement de 1/2 0/0 en Angleterre. Il est de 4 0/0 en Italie.

correspondant à un droit de mutation dont le titulaire aurait pu s'affranchir à l'avenir, en convertissant au début son titre au nominatif.

C'est donc avec les titres nominatifs seuls que les immeubles peuvent être sérieusement comparés à ce point de vue.

Or nous avons vu les éléments de la comparaison :

Impôt sur le revenu. — 11 0/0 d'une part, 4 0/0 de l'autre.

Droit de mutation à titre onéreux (1). — 8 à 10 0/0 du capital d'une part, 0,675 0/0 de l'autre.

Si nous comparons maintenant, toujours quant aux frais d'achat ou de vente, les immeubles avec les meubles et biens mobiliers autres que les valeurs mobilières, nous voyons que ceux-ci sont également plus favorisés.

Le droit sur les ventes de meubles en général est de 2,50 0/0. — Mais comme les ventes mobilières s'opèrent par le simple consentement des parties et la simple tradition, sans formalités ou intervention de l'administration, le plus souvent elles ne donnent pas lieu à la perception. — Celle-ci ne s'opère que lorsque la vente formant titre est présentée pour un motif quelconque à l'enregistrement.

Pour les ventes de fonds de commerce et de clientèle le droit est également de 2,50 0/0. — La loi du 28 février 1872 exige qu'il soit dans tous les cas payé (2).

Nous n'avons parlé jusqu'ici que des frais des ventes non judiciaires.

Quant aux *ventes judiciaires* d'immeubles, M. Leroy-Beaulieu n'a pas craint, et avec raison, de qualifier les droits multiples qui les grèvent, de véritable brigandage fiscal. — Droits d'enregistrement, droits de timbre, droits de greffe et d'hypothèque, il serait fastidieux de les énumérer et de les chiffrer tous. — Qu'il nous suffise de dire que, pour les ventes minimes, les frais absorbent et dépassent souvent le montant du prix d'adjudication.

On a essayé d'y remédier par les lois des 23 octobre 1884, 26 janvier 1892 et 28 avril 1893. — La première a décidé que, pour les ventes d'immeubles dont le prix d'adjudication serait inférieur à 2,000 fr., les sommes payées au trésor comme droits d'enregistrement, de timbre, de greffe et d'hypothèque, seraient restituées, et que de plus, lorsque le prix d'adjudication n'atteindrait pas 1,000 fr., les divers agents de la loi

---

(1) Le droit est seulement de 3,50 0/0 en principal pour les échanges. — Une loi du 3 novembre 1884 a facilité l'échange d'immeubles ruraux contigus en le taxant seulement à 0,20 0/0.

(2) Les transmissions entre vifs à titre onéreux de meubles et biens mobiliers, autres que les valeurs mobilières, rapportent à l'Etat environ 18 millions par an.

subiraient, sur les émoluments alloués par la taxe, une réduction d'un quart. — La seconde a supprimé ou réduit un certain nombre de droits fixes sur les actes de procédure et les jugements, de façon à diminuer les frais afférents aux affaires d'un chiffre peu élevé. — La troisième a supprimé les droits gradués et réduit le nombre et le taux des droit fixes afférents à certains actes (1).

Ces lois, qui mériteraient d'être étendues, ont apporté à la situation des petits propriétaires et de leurs créanciers une certaine amélioration. — Il n'en reste pas moins vrai que, pour l'ensemble de la propriété immobilière, les ventes judiciaires absorbent encore de 10 à 50 0/0 du capital (2).

Les frais des ventes judiciaires de meubles ou de valeurs mobilières sont considérablement moins élevés. — Les droits de mutation sont de 2,50 et 0,50 0/0. — Les honoraires des commissaires-priseurs sont de 11 0/0 pour les meubles corporels. Ceux des notaires sont de 1 0/0 pour les meubles incorporels. Le courtage des agents de change pour les ventes de titres ordonnées en justice est de 1/4 0/0. — Enfin les ventes publiques de marchandises neuves autorisées par la justice consulaire paient seulement à l'Etat 0,10 0/0 (loi du 28 mai 1858). — Les frais de distribution par contribution sont inférieurs aux frais d'ordre.

Après les mutations à titre onéreux, examinons les *mutations à titre gratuit*.

Et d'abord les *successions*.

Depuis la loi du 18 mai 1850, les droits de transmission par décès sont en principe les mêmes pour les meubles que pour les immeubles (3).

Mais cette égalité n'est qu'apparente, et cela pour un double motif :

1° En cas de décès, un grand nombre de titres au porteur échappent au fisc par suite de *dissimulation*. — Les immeubles, au contraire, paient, sans dissimulation possible, les droits considérables, variant de 1,25 à 11,25 0/0, que l'Etat prélève sur le capital des successions (4).

---

(1) On constate avec surprise que, dans beaucoup de tribunaux, les lois nouvelles ne sont pas appliquées.

(2) Les immeubles des mineurs ne peuvent être vendus qu'en justice. C'est souvent pour eux une cause de ruine.

(3) Les lois du 8 juillet 1852 et du 23 août 1871 ont appliqué les droits de mutation par décès aux rentes sur l'Etat et aux valeurs étrangères.

(4) Les droits de transmission par décès rapportent au trésor plus de 200 millions par an ; soit, pour 5 milliards de valeurs successorales, un droit moyen de 4 0/0 sur le capital. — L'Etat devrait accorder au moins certains délais pour le paiement, afin qu'il soit effectué avec le revenu. Il faudrait un an ou deux ans, au lieu de six mois.

2° Les valeurs mobilières, au porteur ou nominatives, acquittent les droits d'après leur prix vrai, tel qu'il est fixé par la cote en bourse ou en banque du jour du décès. — Les immeubles, qui n'ont pas de cours fixe, sont estimés *fictivement* à une valeur bien supérieure à leur valeur réelle. D'après l'article 15 de la loi du 22 frimaire an VII, leur valeur est censée égale à 20 fois le revenu brut ; la loi du 21 juin 1875 a même porté cette évaluation à 25 fois le revenu ponr les immeubles ruraux.

Cette évaluation est en moyenne de 1/4 ou 1/3 supérieure à la réalité. — On cite même tels et tels immeubles, pour lesquels l'évaluation s'est trouvée deux fois, trois fois et même six fois supérieure à la valeur réelle, révélée par l'adjudication publique qui a suivi.

Ces résultats sont d'autant plus déplorables qu en général les maisons à gros revenus par rapport à leur prix d'achat sont possédées par de petits propriétaires, et qu'ainsi ce sont les modestes fortunes qui sont les plus atteintes par le fisc (1).

Il serait au moins équitable de prendre pour base de l'évaluation non pas le revenu brut, mais le revenu net. D'autre part, quand l'immeuble est vendu aux enchères publiques en suite du décès, la perception ne devrait se faire que d'après ce prix de vente. — La loi du 21 juin 1875 a édicté pour les meubles une disposition de cette nature. L'égalité voudrait que la même règle fût appliquée aux immeubles.

Donc *égalité apparente en matière de succession ; en fait inégalité réelle.* Les successions immobilières paient plus que les successions mobilières.

Une des plus grosses injustices de notre législation sur les droits de mutation par décès, c'est certainement la non déduction du passif des successions du montant de l'actif, pour le calcul de l'impôt. (2) — Il semble, au premier abord, que les successions mobilières soient à cet égard sur le même pied que les successions immobilières. — En fait il n'en est rien. — L'héritier de titres au porteur, qui se serait peut-être fait un scrupule de les dissimuler en totalité ou en partie, estime avec raison absolument légitime de ne pas déclarer plus que le montant net de la succession qu'il recueille. — L'héritier d'un immeuble grevé de dettes hypothécaires ne peut en faire autant. Et pourtant les dettes hypothécaires sont de celles dont la réalité ne peut être contestée par le fisc. Si la réforme, depuis si longtemps proposée, est admise même partiel-

(1) Ce mode d'évaluation est au contraire favorable aux biens qui ayant une valeur vénale considérable ne donnent qu'un revenu peu important, notamment aux terrains non bâtis dans les villes.

(2) Toutes les législations de l'Europe ont successivement répudié cette règle,qui n'est plus en vigueur qu'en France et dans la principauté de Monaco.

lement, c'est aux dettes hypothécaires que devra s'appliquer en premier lieu le principe de la déduction du passif.

C'est encore l'inégalité des charges fiscales que nous rencontrons tout d'abord, en abordant la matière des *donations entre vifs*.

Les donations de meubles en ligne directe supportent un droit principal de 2,50 0/0, alors que le droit pour les immeubles est de 4 0/0 (y compris 1 fr. 50 0/0 de droit de transcription).

Le droit sur les donations partage anticipé est de 1 0/0 pour les meubles, et de 1 fr. 50 pour les immeubles.

Les donations par contrat de mariage paient 1,25 (meubles) et 1,875 (immeubles).

Pour les donations entre collatéraux ou étrangers, les droits sont au contraire les mêmes, variant de 6,50 à 9 0/0.

Mais il ne faut pas oublier qu'un grand nombre de dons manuels, d'argent ou de titres au porteur, échappent à l'impôt, tandis que les immeubles, dont la transcription est obligatoire pour entrainer vis-à-vis des tiers la mutation de propriété, sont en tout cas obligés de l'acquitter intégralement (1).

Citons enfin une dernière comparaison à l'avantage de la propriété mobilière.

Un propriétaire veut *emprunter* sur son immeuble. Il devra payer : 1° Les droits de timbre. 2° Les droits d'hypothèque (2). 3° Les honoraires du notaire. — Le tout atteint 4 0/0 du capital. — Les formalités seront aussi longues que coûteuses. — D'autre part, il se fera difficilement prêter plus de 60 0/0 de la valeur de son immeuble. Il empruntera au taux de 4 ou 5 0/0.

Un capitaliste commerçant veut au contraire emprunter sur ses titres. La Banque de France lui prête, presque sans frais et immédiatement, à 3 1/2, 80 0/0 sur la rente française et les obligations de chemins de fer garanties par l'Etat, 75 0/0 sur les actions de chemins de fer.

Si, pour d'autres valeurs moins bien garanties, le taux des prêts faits par les Sociétés de Crédit atteint 5 ou 6 0/0, l'emprunteur a au moins cet incontestable avantage de pouvoir se faire faire des avances presque sans frais et pour un terme très court. — Les frais d'emprunt hypothécaire égalant une année d'intérêt, on ne peut y recourir que pour un prêt à terme relativement éloigné, qui permette d'amortir ces frais en plusieurs années.

---

(1) Les droits sur les donations entre vifs rapportent à l'Etat 22 millions.

(2) Les droits d'hypothèque s'élèvent annuellement à environ 6 millions.

Notons en outre que les transferts en garantie des titres nominatifs sont effectués sans qu'on ait à payer le droit de transmission.

Nous pourrions pousser très loin, à propos de chaque contrat, la comparaison entre les deux catégories de valeurs. Nous arriverions toujours à cette constatation : le capital immobilier est écrasé par les impôts d'enregistrement et du timbre : le capital mobilier n'est atteint que plus légèrement. Une partie importante de ce capital échappe même à l'impôt.

Nombreux sont les projets de réforme du système général de nos impôts directs ou indirects, sur le revenu ou sur le capital.

Mais, quand on les examine de près, on constate que la plupart de ceux qui ont le plus de chance d'aboutir entraineront de nouvelles charges pour la propriété immobilière, et surtout pour la propriété bâtie.

Si l'impôt des portes et fenêtres est supprimé, il est probable que, pour le remplacer, on préférera augmenter l'impôt sur la propriété bâtie, plutôt que la contribution mobilière. — On appliquera ainsi, à l'ensemble des maisons, ce qui existe déjà en fait pour les maisons à petits loyers.

D'après le projet de M. Burdeau, déposé le 8 février 1894, les mutations à titre onéreux d'immeubles ruraux ne paieraient plus que 3,75 0/0 pour les ventes et soultes d'échange, et 3 0/0 pour les licitations et retours de partage. Les décimes seraient supprimés. Cette réduction de moitié environ serait une amélioration sérieuse pour la propriété rurale. — Mais, en ce qui concerne les immeubles urbains, la suppression des décimes serait compensée par une élévation du droit à 6,50 0/0. Cette réduction définitive, mais insignifiante, de 0,375 0/0 serait absorbée et au delà par les dispositions portées dans la seconde partie du projet.

Cette seconde partie comporte deux dispositions excellentes depuis longtemps réclamées : la déduction du passif pour la liquidation des droits de succession, et une modification dans le calcul des droits proportionnels en matière de nues propriétés et d'usufruits. — Mais, pour combler les vides que creuseraient dans le budget ces réformes nécessaires, l'auteur du projet fait avant tout appel à un relèvement des tarifs en matière de succession et de donation. — Or, nous avons vu que ces tarifs déjà si élevés pèsent surtout sur les immeubles. — Il est donc certain qu'en définitive la propriété urbaine serait surchargée.

Le projet différent de M. Poincaré aboutirait au même résultat.

avec cette circonstance qu'il introduit dans nos lois le principe de l'impôt progressif (1).

Les projets très compliqués de MM. Leygues, Dupuis-Dutemps et Brisson concernant le régime hypothécaire, de M. Bovier-Lapierre relativement au partage et à la vente des biens de mineurs, sacrifient des intérêts légitimes sans aboutir à une réduction sérieuse des frais. — Une simple extension graduelle de la loi du 23 octobre 1884 entrainerait des résultats bien plus palpables pour le petit propriétaire, sans amener une désorganisation de nos codes.

Quant aux nombreux projets d'impôts sur *le* revenu (projet Cavaignac du 10 mars 1894, projet Guillemet du 10 mai 1894, etc.), il semble au premier abord qu'ils sont favorables à l'égalisation des charges entre les meubles et les immeubles. — Mais qui ne voit que les fausses déclarations et les dissimulations, qui sont si fréquentes dans tout système général d'impôt sur le revenu, seront faciles pour les meubles, impossibles pour les immeubles ? — La propriété immobilière sera finalement surchargée.

Si nous parcourons en terminant les projets divers étudiés en vue de la suppression des octrois, nous verrons que c'est surtout sur les immeubles que portera le poids des 300 millions de taxes de remplacement.

C'est par une taxe sur la propriété bâtie ou non bâtie que, dans sa délibération du 8 juin 1880, le Conseil municipal de Paris, sur la proposition de M. Yves Guyot, proposait de remplacer les 150 millions que l'octroi rapporte à la ville. — Cette taxe, perçue soit sur la valeur vénale, soit sur le revenu des immeubles, prélèverait 26 à 27 0/0 du revenu net.

C'est un impôt sur la valeur vénale des immeubles que préconisait la délibération du Conseil municipal de Lyon, du 20 mars 1888, pour suppléer aux 11 millions que rapporte l'octroi lyonnais. — Ce serait un impôt nouveau de 20 à 25 0/0.

C'est par des taxes directes, portant sur des « propriétés ou objets tangibles ou des signes apparents de richesse, que, dans son vote du 4 mai 1893, la Chambre des députés a admis le remplacement facultatif des octrois.— Or, l'immeuble est la propriété tangible, le signe apparent de richesse qui serait le premier frappé, si le Sénat ratifiait ce vote.

Le nouveau projet de la municipalité lyonnaise, présenté par M. Berthélemy à la Commission sénatoriale, comporte seulement une augmentation de 1 0/0 de l'impôt foncier. — Mais il suggère en même temps, pour compenser l'abandon à la Ville de la taxe totale sur les immeubles,

---

(1) La Chambre des députés en a, récemment encore, repoussé le principe par son vote du 12 mars 1894.

la création d'un impôt progressif sur l'actif net des successions. Il est même question, dans le rapport du 15 mars 1894, d'une taxe spéciale sur les transmissions successorales des immeubles urbains.

De quelque côté que nous regardions, ce sont toujours les immeubles et surtout les immeubles urbains qui sont menacés.

CONCLUSIONS.

Les conclusions qui se dégagent de cette étude peuvent ainsi se résumer :

Au point de vue du revenu, comme au point de vue du capital, les charges qui pèsent sur la propriété immobilière sont plus lourdes que celles qui pèsent sur la propriété mobilière. Une partie importante de celle-ci échappe même presque totalement à l'impôt direct comme à l'impôt indirect.

Le revenu des immeubles est chargé. Son capital est écrasé. — Ils sont menacés de l'être davantage.

Nos vœux sont :

1° Pas d'augmentation d'impôt d'une façon générale. La France paie déjà beaucoup trop.

2° Si des augmentations d'impôts ou si des impôts nouveaux sont rendus nécessaires par suite de certains remaniements ou de certaines suppressions de taxes, ce n'est pas aux immeubles, mais bien aux revenus mobiliers non encore taxés qu'il faut s'adresser.

3° Si l'on doit s'adresser subsidiairement aux revenus ou aux capitaux déjà frappés, ce n'est pas la propriété immobilière qu'il faut surcharger. — Elle ne pourrait l'être sans une violation nouvelle des grands principes d'égalité et de proportionnalité qui doivent être, autant que possible, la base de tout système d'impôt.

Louis CHARDINY,
Docteur en Droit,
Avocat à la Cour d'appel, Secrétaire-Archiviste de la Société d'Économie politique et sociale de Lyon.

16 172. — Lyon, Imprimerie du Salut Public, rue Molière, 71.

www.ingramcontent.com/pod-product-compliance
Ingram Content Group UK Ltd.
Pitfield, Milton Keynes, MK11 3LW, UK
UKHW021031260726
13994UKWH00005B/2082

9 782329 426112